Lizenzausgabe als Ravensburger Taschenbuch Band 8307

Titel der Originalausgabe: L'aventure de la pomme de terre

Fachliche Beratung:

Albert Krämer

Für die Erzeugergemeinschaft für Früh- und Speisekartoffeln
Schwäbisches Oberland e.V., Saulgau

Redaktion der deutschen Ausgabe
und Übersetzung: Jürgen Witznick

89 88 87 86 85 1 2 3 4 5

Printed in Italy by Editoriale Libraria

ISBN 3-473-38307-4

Kartoffeln wachsen nicht im Keller

Text von Raphaëlle Brice
Illustriert von Claude und Denise Millet

DIE WELT ENTDECKEN

Aus Kartoffeln kann man viele leckere Gerichte zubereiten.

Der eine ißt sie gern als Pommes frites, der andere mag sie als Kartoffelbrei. Man kann sie zu feinen Salzkartoffeln kochen oder aus ihnen einen würzigen Kartoffelsalat machen.
Als Pellkartoffeln schmecken sie besonders mild, und als Chips sind sie manchmal feurig scharf. Viele Leute wickeln sie in Folie und backen sie. Man bereitet aus ihnen Klöße, Suppen, Kroketten, Aufläufe und noch viele andere Speisen zu.
Aber immer muß man die Kartoffeln kochen, braten oder backen, denn roh kann man sie nicht essen.

Früher steckten sich die Kinder auf ihrem Schulweg im Winter je eine heiße Kartoffel in ihre Taschen. So froren sie nicht an den Händen.

Kartoffel-
blüte

Auch Kartoffeln blühen

Aus den Blüten entwickeln sich die Früchte. Die sehen aus wie kleine Tomaten, sind aber leider ungenießbar. Was man von den Kartoffeln ißt, wächst in der Erde – wie etwa bei den Karotten, den Zwiebeln, den Roten Rüben, den Rettichen, den Schwarzwurzeln oder beim Spargel.

Kartoffeln sind aber kein Wurzelgemüse wie die Karotten und auch kein Stengelgemüse wie der Spargel.

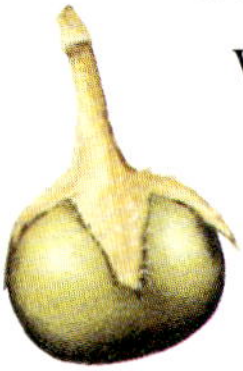

Kartoffel-
frucht

Kartoffeln sind Knollen.

Sie wachsen wie kleine Säckchen an den Wurzeln.

Auch Topinambur (1), Süßkartoffeln (2), Jamswurzeln (3) und Maniok (4) wachsen in der Erde. Sie werden in fernen Ländern angebaut und gegessen.

Aus einer in die Erde gepflanzten Kartoffel entstehen fünfzehn bis zwanzig neue.

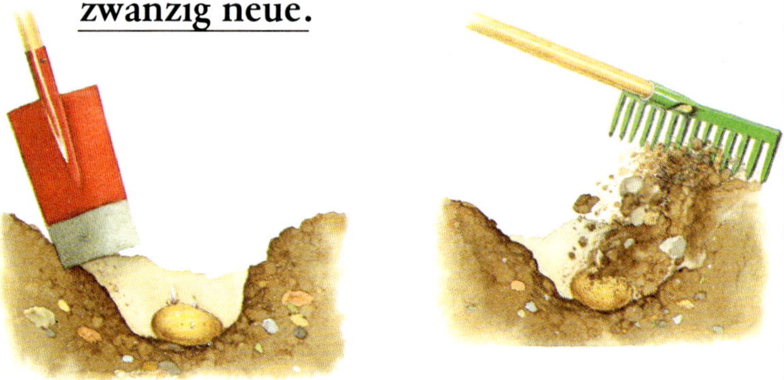

Zum Kartoffelanbau verwendet man nicht den Samen der Früchte, sondern die Kartoffel selber. Man pflanzt im Frühling keimende Kartoffeln, aus denen dann die Pflanzen wachsen. An den Wurzeln bilden sich die neuen Kartoffeln.

Wenn die Pflanze größer wird, schrumpft die alte Kartoffel ein.

Der Kartoffelbauer
häuft an der Pflanze Erde an, damit die Kartoffeln gut vor Licht geschützt sind. Sonst werden sie grün, und man kann sie nicht mehr essen.

Im Herbst vergilbt das Kartoffelkraut, dann kann man die neuen Kartoffeln ausgraben.

Kartoffelernte: Wo sich der Einsatz von Kartoffelernte-Maschinen nicht lohnt, werden die Kartoffeln auch heute noch mit großen Gabeln ausgegraben.

Peru ist das Ursprungsland der Kartoffel.
Im Reich der Inkas wurden schon vor über zweitausend Jahren Kartoffeln angebaut. Erst nach der Entdeckung Amerikas wurde die Kartoffel auch in Europa bekannt. Als die spanischen Eroberer ins Inkareich kamen, begegneten sie Indianern, die sich von einem fremdartigen Gewächs ernährten: von Kartoffeln. An Bord ihrer großen Segelschiffe nahmen die Spanier viele Kisten voller Kartoffeln mit in ihre Heimat zurück. Es war um das Jahr 1565 herum, als man in Europa das erste Mal Kartoffeln zu sehen bekam.

Auch heute noch bewahren die Bewohner des Andenhochlandes Kartoffeln viele Jahre auf. Sie pressen mit den Füßen das Wasser aus den Kartoffeln und lassen sie dann im Frost der kalten Nächte gefrieren.

Der Kartoffel-Trick

Die Gelehrten der damaligen Zeit untersuchten sogleich die neue Pflanze und erkannten ihren Wert. In der Bevölkerung aber waren Kartoffeln anfangs nicht sehr beliebt. Die Bauern mißtrauten den neumodischen Knollen und verfütterten sie vor allem an die Schweine.

Sir Walter Raleigh soll die Kartoffel nach England gebracht haben.

Man erzählt sich, daß früher auf den Marktplätzen Kartoffelessen veranstaltet wurden, um für die Kartoffel zu werben. Man hat auch Kartoffelfelder zum Schein von Soldaten bewachen lassen. Da wurden die Bauern neugierig, plünderten die Felder und bauten dann selbst Kartoffeln an.

Die Kartoffelernte war früher sehr mühsam.

Bevor es moderne Maschinen gab, mußten die Kartoffeln mit großen Gabeln ausgegraben werden. Dann ließ man sie erst auf den Feldern trocknen und füllte sie später in Säcke und Körbe. Die beim Ausgraben beschädigten Kartoffeln verfütterten die Bauern an das Vieh.

Von den restlichen wurde ein Teil aufbewahrt, den man im nächsten Frühjahr dann angepflanzt hat. Die Kartoffeln müssen in trockenen und kühlen, aber frostfreien Räumen gelagert werden, damit sie nicht faulen. Darum werden sie meist in den Keller gebracht.

Der Kartoffelkäfer war lange Zeit der schlimmste Feind der Kartoffel.
Das Käferweibchen legt über 2500 Eier ab. Aus den Eiern werden in fünf bis sechs Wochen gefräßige kleine Larven. Dreißig von ihnen können in einer Woche eine Kartoffelpflanze ganz abfressen. Manche Mäusearten sind besondere Feinschmecker. Sie fressen die zartesten Knollen an.

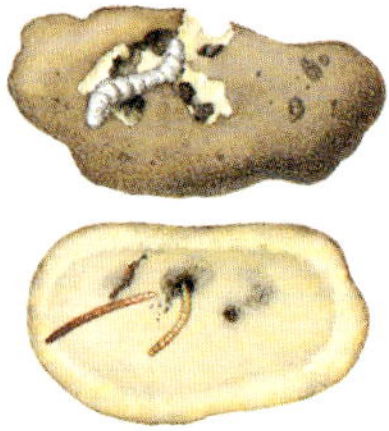

Auch Lagerkartoffeln werden von Schädlingen befallen, zum Beispiel von der Raupe der Kartoffelmotte.

Die Kartoffelkäfer werden von Staren, Krähen, Hühnervögeln und manchen Wespenarten gefressen. Auch Marienkäfer sind sehr nützlich: Sie vertilgen die Kartoffelblattläuse.

Aber die Kartoffelpflanze ist nicht nur durch Tiere gefährdet.
Ganze Kartoffelernten können durch Krankheiten vernichtet werden.

Bei der Kartoffelkrautfäule vertrocknen die Blätter, und die Wurzelknollen faulen.
Im 19. Jahrhundert gab es in Irland eine große Hungersnot, als auf diese Weise die Kartoffelernte vernichtet wurde. Viele Menschen verhungerten, viele wanderten nach Amerika aus.

Heutzutage werden zum Schutz vor der Kartoffelkrautfäule und gegen Schädlinge Pflanzenschutzmittel versprüht. Unkraut wird oft von Hand ausgehackt, dagegen können aber auch chemische Mittel versprüht werden. Die Anwendung von Pflanzenschutzmitteln auf Dauer kann gefährlich sein, da sich im Boden und in Nahrungsmitteln gesundheitsschädliche Stoffe ablagern.

Manchmal werden Kartoffelpflanzen von Unkräutern so überwuchert, daß sie gar nicht mehr richtig wachsen können.

Kartoffelroder

Heute ist die Kartoffelernte bequemer.
Ein Kartoffelroder gräbt die Kartoffeln aus. Steine und Erdklumpen werden von Hand aussortiert. Eine besondere Sortiermaschine füllt die Kartoffeln dann je nach ihrer Größe in verschiedene Säcke ab.
Nur die größeren werden normalerweise verkauft; die grünen werden ausgelesen – man kann sie nämlich nicht essen, weil sie giftig sind.

Sortiermaschine

Die verschiedenen Kartoffelsorten sehen auch recht verschieden aus.

Es gibt Kartoffelsorten, die meistens in Fabriken verarbeitet werden. Es gibt aber auch Speise- und Salatkartoffeln, die man einige Zeit zu Hause aufbewahren kann. Die Frühkartoffel ist eine ganz besondere Kartoffel. Man läßt sie schon vor dem Anbau keimen, und nach dem Anpflanzen wächst sie schnell und wird früh reif. Man kann sie nach der Ernte aber nicht sehr lange aufbewahren.

Man kann Kartoffeln auch im Freien aufbewahren. Sie müssen dann mit einer Schicht aus Stroh und Erde vor Frost geschützt werden.

Mais — Er wird vor allem in Mexiko, Peru und in den USA, aber auch in Europa angebaut.

Weizen — Er wird viel in Europa angebaut. Die größten Erzeugerländer aber sind die USA und die Sowjetunion.

Hirse — Sie wächst vor allem in Afrika, weil sie auch trockene Zeiten gut übersteht.

Reis — Er wächst auf überfluteten Feldern: den Reisfeldern.

Nicht überall werden so viele Kartoffeln gegessen wie bei uns.

In vielen Ländern ernähren sich die Menschen vor allem von Getreide.
In Südamerika ist es der Mais. Man kann ihn geröstet essen, aus Maismehl bäckt man dort auch kleine Fladenkuchen: die „Tortillas“.

Weizen verwendet man auf der ganzen Welt. Brot und Kuchen werden meist aus Weizenmehl gebacken. Eine Spezialität in Nordafrika ist der Kuskus: Weizengrieß, der mit Gemüse und Fleisch serviert wird.

In Afrika kocht man aus Hirse einen Brei und bereitet daraus Fladenbrot zu.

Reis ißt man in Asien fast zu jeder Mahlzeit. Oft wird er so gekocht, daß er ganz klebrig ist; dann kann man ihn besser mit Stäbchen essen.

Kartoffelgerichte können heute ganz leicht zubereitet werden.

In Fabriken werden die Kartoffeln schon auf verschiedene Weise bearbeitet, so daß man in der Küche nicht mehr viel Arbeit mit ihnen hat. Es gibt zum Beispiel tiefgefrorene Pommes frites, die man nur noch aufbacken oder in heißes Öl geben muß.

Es gibt auch Kartoffelflocken zu kaufen, aus denen man schnell Püree zubereiten kann. In der Fabrik werden dazu die Kartoffeln gekocht, zerdrückt, getrocknet und in kleine Flocken zerteilt. Zu Hause gibt man dann nur noch Wasser oder Milch hinzu.

Kartoffeln werden aber nicht nur zu Speisen verarbeitet.

Aus manchen Sorten gewinnt man Stärkemehl. Dieses weiße Pulver wird bei der Herstellung von ganz verschiedenen Dingen verwendet. Suppen- und Soßenpulver werden mit Kartoffelstärke

hergestellt. Man verwendet sie auch bei der Herstellung von Kuchen und Eiskrem,

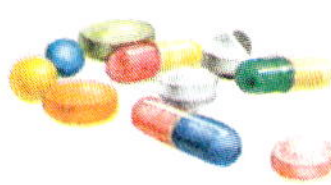

von Kunstfasern, Leim, Medikamenten, elektrischen Batterien,

Kartons und Papier und sogar von Babywindeln.

Wissenschaftler züchten immer wieder neue Kartoffelsorten.

Sie entnehmen Pollen von den Blüten einer Sorte und bringen sie auf die Blüten einer anderen Sorte auf. So entsteht dann der Samen einer ganz neuen Sorte. Die neue Kartoffelpflanze widersteht vielleicht besonders gut den Krankheiten oder bringt noch mehr Kartoffeln hervor.
Um rasch die neuen Pflanzen untersuchen zu können, läßt man die Samen in Reagenzgläsern keimen. Im Schutz großer Gewächshäuser wachsen die Kartoffelpflanzen dann schnell heran.

6B
8A

E
N

Drucken mit Kartoffeln

Zuerst zerteilt man eine Kartoffel in zwei Hälften. Dann malt man auf jede Hälfte einen Buchstaben oder irgendein Muster. Mit einem Messer wird jetzt so viel weggeschnitten, daß ein Stempel entsteht.
Zum Drucken schüttet man ein wenig Tinte oder Deckfarbe in einen kleinen Behälter und legt ein Stück Löschpapier hinein. Wenn das Löschpapier sich ganz vollgesaugt hat, drückt man seinen Stempel darauf. Jetzt kann man Briefpapier und Postkarten bedrucken; man kann sich sogar einen kleinen Kalender herstellen.

Für dieses Rezept benötigt man:

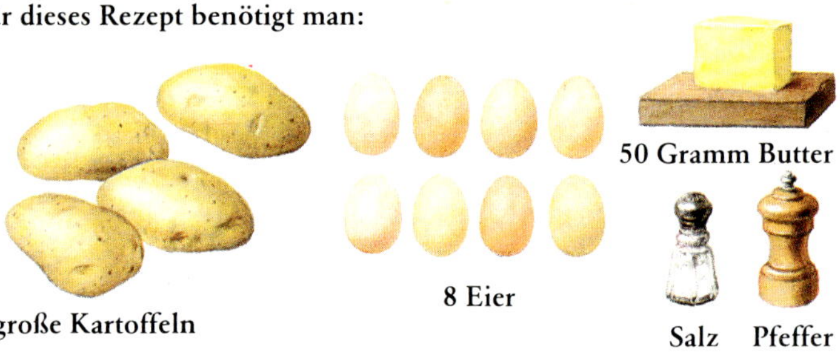

Kleine Einester

Heize zuerst den Backofen auf ungefähr 200° C vor. Dann werden die Kartoffeln gewaschen und in Aluminiumfolie eingewickelt. In der Röhre werden sie dann eineinhalb Stunden gebacken.
Danach zerteilst du die Kartoffeln in zwei Hälften und höhlst mit dem Teelöffel ein Nest aus.
In jede Hälfte gibst du ein Ei und etwas zerlassene Butter. Füge noch Salz und Pfeffer hinzu und schieb dann die Kartoffeln noch einmal in die Backröhre – bis die Eier nicht mehr flüssig sind.

Für dieses Rezept benötigt man:

3 Eier Salz Pfeffer

Kartoffel-püree Wasser 100 Gramm Emmentaler Butter

Ein lockerer Kartoffelauflauf

Heize den Backofen auf ungefähr 150° C vor. Mit dem Wasser bereitest du das Püree nach Vorschrift zu (steht auf der Packung) und gibst Salz zu. Jetzt wird das Eiweiß vom Eigelb getrennt. Unter das Püree mischst du dann etwas Butter, Pfeffer und das Eigelb.
Ganz zuletzt wird das zu Eischnee geschlagene Eiweiß untergerührt. Die ganze Masse gibst du nun in eine eingefettete Form und stellst sie 40 Minuten lang in die Backröhre. Wenn der Auflauf schön aufgegangen ist, wird er mit dem geriebenen Käse bestreut und gleich serviert.

Erzähl mal, wie es früher war: Kartoffelferien

Stadtkinder bekamen im Herbst richtige Ferien. Landkinder bekamen nur Kartoffelferien. Das waren eigentlich gar keine Ferien. Die Kinder bekamen schulfrei, weil sie mit den Frauen bei der Kartoffelernte helfen mußten.
Frühmorgens gingen alle miteinander aufs Feld. Die Frauen und die größeren Kinder bekamen einen Kratzer und einen Korb. Auf Knien rutschten sie die Furchen entlang. Sie warfen das welke Kartoffelkraut beiseite. Mit dem Kratzer hackten sie die Kartoffeln aus der Erde. Die kleineren Kinder halfen ihnen, die Kartoffeln in den Korb zu sammeln. Wenn der Korb voll war, wurde er in einen der Säcke geleert, die in einer langen Reihe mitten auf dem Feld standen. Die vollen Säcke schleppte der Bauer zu dem Kastenwagen, der am Wegrand stand. Wenn der Kastenwagen beladen war, rumpelte der Bauer damit fort. Dann reckten und streckten sich die Frauen. Die Kinder rannten über das Feld und spielten Fangen. Sobald der Bauer mit dem leeren Wagen wieder auftauchte, hackten und sammelten alle emsig weiter.

Gegen Mittag kam die Bäuerin. Sie brachte Schneckengebäck und Malzkaffee. Alle hockten auf leeren Säcken und schmausten. Die Jungen trugen das Kartoffelkraut zusammen und zündeten es an. Die Wärme tat gut. Später wurden Kartoffeln in die Glut geworfen. Die schmeckten herrlich, wenn sie gar waren.
Frauen und Kinder waren Tag für Tag auf dem Feld. Am Morgen war manchmal alles voller Rauhreif. Dann zwickte die Kälte in den Fingern. Wenn es regnete, drang die Nässe durch die Kleider. Dann wären die Kinder lieber in die Schule gegangen. Doch die Ferien waren erst vorbei, wenn alle Kartoffelfelder leer geerntet waren.
Zuletzt wurde abgerechnet. Alle bekamen Winterkartoffeln und dazu ihren Lohn, die Kinder ebenso wie die Großen. Darauf waren sie sehr stolz. Am Abend rechnete Mutter zusammen, was alle verdient hatten. Sie sagte befriedigt: „Nun können wir schlachten, denn das Geld reicht für ein neues Ferkel!“

Margret Rettich

Die Welt entdecken

In dieser Reihe sind bisher erschienen:

Band 1: Wie leben die Tiere im Winter?
Band 2: Keine Angst vor Krokodilen
Band 3: Sahara – Leben in der Wüste
Band 4: Eskimos – Leben im ewigen Eis
Band 5: Wo die Schokolade wächst
Band 6: Warum trinken alle Kinder Milch?
Band 7: Kartoffeln wachsen nicht im Keller
Band 8: Die Geschichte vom Papier

Im März 1986 erscheinen:
Band 9: Das Schwein und seine Verwandten
Band 10: Leben auf den Sonneninseln
Band 11: Glas – Das durchsichtige Geheimnis
Band 12: Reis – Ein kleines Korn ernährt die Welt

Bände 13 bis 20 erscheinen im Juli und November 1986